AF226593

ÉTUDE HISTORIQUE

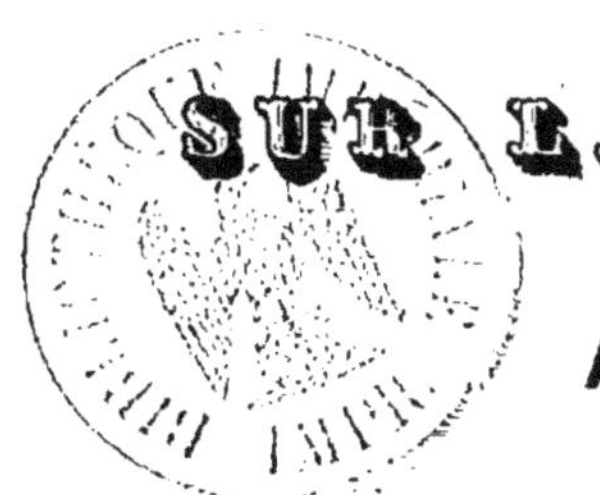

SUR LA STATUAIRE

AU MOYEN AGE

Lue à la Société d'agriculture, commerce, sciences et arts du département
de la Marne, dans une de ses séances de 1862

Par M. le baron CHAUBRY DE TRONCENORD

Membre titulaire non résidant, membre correspondant de l'Académie de Reims et de la Société
littéraire de La Flèche, membre de la Société française d'archéologie

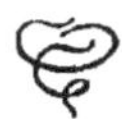

DEUXIÈME PARTIE

SCULPTEURS CHAMPENOIS

CHALONS-SUR-MARNE

H. LAURENT, IMPRIMEUR DE LA SOCIÉTÉ ACADÉMIQUE.

1863

ÉTUDE HISTORIQUE

SUR

LA STATUAIRE AU MOYEN AGE

Par M. le baron CHAUBRY DE TRONCENORD

Membre titulaire non résidant

DEUXIÈME PARTIE

Sculpteurs Champenois

(La première partie a été imprimée dans les Mémoires de 1859.)

MESSIEURS,

En vous apportant, aujourd'hui, la suite de mon étude
sur la statuaire, je viens acquitter autant qu'il est en mon
pouvoir la promesse que j'ai faite précédemment avec une
grande imprudence ; aussi j'ai besoin plus que jamais de
réclamer votre indulgence, car je le sais, cette entreprise
était au-dessus de mes forces et de mes connaissances, mais
j'avais à cœur de remplir mon engagement ; il est toujours
doux de tenir sa parole. Je viens donc vous donner la nomenclature des sculpteurs champenois, complément de
l'écrit accueilli par vous avec trop de bonté, la reconnais-

sance m'imposait le devoir de payer cette dette. Veuillez donc me traiter comme le débiteur malheureux et de bonne foi auquel la loi civile accorde le bénéfice de la cession de biens, je consens volontiers à parfaire mon payement plus tard, s'il me survient la moindre des valeurs.

En vous rappelant les noms de vos sculpteurs et de vos statuaires, dits tailleurs d'ymages à l'époque du moyen âge, je n'espère, ni ne prétends que mes faibles efforts fassent revivre des artistes oubliés, que ma plume puisse ajouter à la réputation de ceux, qui par des travaux utiles, des œuvres estimées, ont su conquérir à leur nom, à leur mémoire une célébrité incontestée, une gloire durable. Il ne m'appartient point, je le sais, de faire sortir de l'oubli de la tombe, ni un homme de bien, ni un savant, ni un artiste, mais j'aime, dans toute circonstance à rendre hommage à la vertu, à la science, au talent, surtout lorsqu'il s'agit des hommes qui, jadis, ont habité notre pays. Cette jouissance pure, je l'éprouve toutes les fois que je puis mettre en lumière des faits ou des actes dignes d'éloges, veuillez recevoir mes remerciements de m'avoir déjà procuré ce bonheur.

Si l'on en jugeait seulement par les écrits publiés, et non par les monuments, les statuaires n'auraient nulle part été aussi nombreux que les autres artistes, que les peintres-verriers notamment, dont j'ai eu l'honneur de vous entretenir. Il ne faudrait pas cependant en faisant une comparaison seulement numérique des uns et des autres de ces artistes dans l'étendue de la Champagne, en conclure que votre province a été inférieure à elle-même dans cet art, le plus noble des arts d'imitation, selon l'expression des anciens. Il existe sans doute des causes diverses qui n'ont pas permis que les noms d'un grand nombre de statuaires parvinssent à la postérité, mais leurs œuvres démontrent avec une entière évidence, combien ils ont été nombreux pendant une longue série d'années.

J'entrerai en matière en étudiant ces premiers siècles de notre ère, je dois les parcourir rapidement avant de rencontrer votre premier sculpteur. C'est vous dire, Messieurs, que je ne traiterai point ce sujet avec les développements qu'il comporterait.

La barbarie des premiers temps du Christianisme dans les Gaules est un fait constant et avéré, il ne m'appartient pas dans un écrit spécialement consacré à rappeler les noms de vos sculpteurs, de rechercher quelles circonstances et quelles causes avaient amené cette recrudescence d'ignorance dans un pays qui avait gagné en civilisation sous la longue domination des maîtres du monde, et qui dès le règne de Néron·avait donné à Rome un grand statuaire, l'illustre Zénodore (1). Il faudrait traiter des questions qui ne sont que du domaine de l'histoire, passer en revue les persécutions diverses exercées contre les chrétiens, les différentes hérésies de cette époque, les nombreuses guerres, les invasions des peuples du nord et du midi, je ne dois point aborder des questions de cette importance, mais je prends la barbarie comme point de départ, pour expliquer ensuite, comment les lettres, les sciences et les arts surtout, sortirent du long engourdissement dans lequel ils étaient tombés.

Nous trouvons l'origine et la fondation des établissements qui ne cessèrent de cultiver l'intelligence humaine, dans les congrégations religieuses vouées dès leurs com-

---

(1) Zénodore était né en Auvergne. Il exécuta plusieurs statues remarquables, et notamment celle qui est connue sous le nom de Colosse de Néron, elle avait 110 pieds de hauteur.

mencements à l'étude des livres saints, ainsi qu'au travail manuel.

Dès les IIIe et IVe siècles de notre ère il y eut des chrétiens qui se mirent en solitude pour vaquer à l'oraison, à la pratique des vertus, et à l'étude des saintes Écritures. On les appela ascètes, solitaires, anachorètes, exercitants. Renfermés dans des cabanes, ou dans des maisons isolées, retirés sur des montagnes escarpées ou dans des forêts inaccessibles afin d'éviter les persécutions, comme le fit saint Paul l'ermite sous le règne cruel de l'empereur Dèce en 250, ils vivaient inconnus du monde auquel ils avaient renoncé.

Saint Antoine, né vers 251, fut le premier qui rassembla plusieurs solitaires, vivant séparés les uns des autres dans des cellules éloignées, mais se réunissant pour prier en commun à certains jours sous la direction de ce grand saint qui reçut le nom de pères des solitaires. La réunion de ces cellules fut d'abord désignée sous le nom de *laure et non sous celui de monastère*, mais ce nom ne s'est jamais appliqué qu'aux religieux de l'Égypte, de la Syrie, de la Palestine et autres contrées de l'Orient. —Saint Pacôme, que la vie des saints qualifie d'instituteur des moines, naquit dans la Thébaïde peu d'années après saint Antoine dont il fut le contemporain, il fonda dans la province qui le vit naître, au dire de plusieurs écrivains et de saint Antoine lui-même, les fameux monastères de Tabenne; ses disciples se nommèrent cénobites parce qu'ils vécurent en commun au nombre de 30 à 40 au plus, et la réunion d'un grand nombre de ces maisons dans la même localité formait un couvent avec un abbé pour chaque monastère, et un prévôt, *prepositum* pour chaque maison. Les seuls établissements de Tabenne qui se réunissaient à certaines époques et notamment à la Pâque de chaque année, comptèrent jusqu'à 50,000 cénobités du même ordre, sans parler des autres religieux répandus dans toutes les parties de l'Egypte. Ces moines ont été de tout temps considérés comme les plus parfaits et comme types de tous les autres.

Vinrent ensuite saint Hilarion, disciple de saint Antoine, fondateur de couvents à peu près semblables, saint Basile, qui après avoir visité et étudié les laures et les monastères de toute l'Egypte, en établit à la fin du IVe siècle dans la Capadoce et Le Pont, et leur donna le premier une règle écrite, sous laquelle son ordre devint rapidement aussi puissant que célèbre. On pense qu'il fut le premier à imposer le triple vœu de pauvreté, de chasteté et d'obéissance. Ce qui est certain, c'est qu'à partir de cette époque la vie monastique se propagea dans tout l'Orient, en Ethiopie, dans la Perse et jusqu'aux Indes ; qu'enfin elle passa en Italie vers 340 lors d'un voyage que saint Athanase fit à Rome. — Je passerai sous silence saint Ambroise, saint Eusèbe de Verceil et autres personnages de ces temps reculés, ce serait fatiguer votre bienveillante attention.

J'arrive aux fondations faites dans notre patrie, c'est-à-dire, dans les Gaules. Les auteurs par moi consultés s'accordent à reconnaître que le premier monastère qui y fut établi, est celui que saint Martin de Tours fonda à Ligagé près Poitiers en 360, et le deuxième par le même évêque à Marmoutiers près Tours en l'année 370. — Fort peu d'années après, en 410, saint Honorat ouvrit dans l'île de Lérins, sur les côtes de Provence, un nouvel asile à la prière, au travail et à la science, qui devint l'un des plus célèbres de la chrétienté ; d'abord sous la règle de saint Macaire qui vécut en Egypte au commencement du IVe siècle, et longtemps après sous celle de saint Benoît dont je vais vous parler à l'instant. Le couvent de Lérins fut d'abord composé en partie de cénobites et d'anachorètes, semblable à une laure avec une infinité de cellules (1).

La vie monastique était donc en vigueur en Orient depuis près de deux siècles lorsque saint Benoît, l'un des premiers s'occupa de la propager en Occident, et rédigea la règle si sage et si célèbre destinée au monastère du Mont-Cassin, dont il jeta les fondements vers 530. Cette règle plus douce que celle de saint Pacôme et de saint Basile appropriée aux mœurs et au climat de l'Europe, reçut dès son origine l'approbation universelle, elle devint bientôt la base fondamentale de toutes les règles des couvents qui s'établirent postérieurement.

Saint Benoît, qui appelle saint Basile son père et son maître, avait profondément étudié et médité les prescriptions que ce saint personnage avait imposées à ses disciples, il y puisa tout ce qui lui parut compatible à nos mœurs, nos usages et notre climat. Il mitigea les prescriptions trop austères, il les adoucit pour les vieillards et pour les enfants, notamment en ce qui concernait la nourriture et les jeûnes. (37ᵉ chap.).

Saint Benoît n'introduisit point le travail manuel, il existait dès l'origine, étant de l'essence de la vie religieuse et d'obligation pour tous les hommes. Mais ce sage législateur le réglementa en le prescrivant aux religieux de son ordre; il en fixa les heures, selon les saisons, il voulut qu'il se pratiquât en commun, dans le silence, à l'intérieur du monastère autant que possible, avec un costume différent de celui du sanctuaire (2).

La culture des terres, le défrichement des forêts, la

____

(1) Saint Alpin, votre huitième évêque, passa quelque temps dans ce monastère déjà très-renommé, au dire de plusieurs écrivains.

(2) On donnera en hiver une cuculle plus chargée de poils, et en été une plus rase, ou plus usée, et *un scapulaire pour le travail.* (55ᵉ chap.).

construction des instruments aratoires étaient des travaux trop rudes pour les vieillards et pour les hommes de complexion délicate, il introduisit des occupations diverses exigeant moins de force physique, et plus de recueillement, sans sortir du monastère. Ces occupations devaient avoir le double but d'honorer Dieu, et d'être profitables à la communauté, les frères, d'après leur vœu de pauvreté ne devant vivre que du travail de leurs mains. — Vous allez voir, Messieurs, s'il ne ressort pas naturellement de l'esprit de cette règle célèbre, ainsi que de quelques-unes de ses dispositions spéciales, que les travaux des champs furent rarement pratiqués par les Bénédictins. Au chapitre 48 il leur recommande de ne pas *s'affliger, si la pauvreté du couvent,* ou quelque autre cause, exige *qu'ils fassent eux-mêmes les moissons,* car alors ils seront véritablement moines, en vivant du travail de leurs mains ainsi que les apôtres. Au contraire, dans le chapitre 57, intitulé des artisans du monastère, on y voit qu'ils pratiquaient habituellement des métiers et des arts en vue d'honorer le Seigneur, *soli Deo honor et gloria,* tout en tirant parti de leurs œuvres pour l'entretien de leur couvent.

Permettez que je cite ici la traduction de la règle de saint Benoît d'après l'illustre réformateur de La Trappe, l'abbé de Rancé, jointe à son commentaire adressé à un couvent de Bénédictines. « Les artisans du monastère exerceront
» leur métier avec toute l'humilité possible, si l'abbé le
» leur permet ; que si quelqu'un se prévalait de sa capacité
» dans son art, de l'utilité que le monastère en retirerait,
» qu'on l'ôte de son métier et qu'on ne l'y remette point,
» si ce n'est qu'étant humilié, l'abbé lui ordonne de le
» reprendre. Si l'on vend quelque ouvrage fait dans le
» monastère, que ceux qui en seront chargés prennent
» garde de n'y commettre aucune fraude, qu'ils se sou

» viennent d'Ananie et de Saphira (actes des apôtres) de
» crainte qu'ils ne reçoivent dans leur âme le coup de la
» mort, comme les autres le reçurent dans leur corps : que
» l'avarice ne mette pas le prix aux choses, mais que l'on
» donne à meilleur marché que les séculiers, afin que
» Dieu soit loué en tout. »

Ne résulte-t-il pas de ces passages de la règle bénédic-
tine, qu'il était dans les vues et les intentions du sage législateur que ses disciples cultivassent surtout les lettres, les
sciences et les arts, sans négliger la culture des terres
toutes les fois que la nécessité ou l'intérêt de l'ordre leur
en faisait une obligation et un devoir? En effet, le but prin-
cipal et définitif, le but évangélique était de défricher
l'esprit inculte des populations plus ou moins barbares,
en commençant par les moines eux-mêmes, dont le plus
grand nombre était alors complètement illettré. Ils ajoutè-
rent donc à l'étude des saintes Écritures et du chant religieux, des occupations diverses à la portée de chaque
frère. Ils furent initiés aux arts et aux métiers sous la
direction des plus habiles d'entre eux. Et de même qu'ils
confectionnaient leurs vêtements et leurs chaussures,
qu'ils cultivaient le jardin du monastère, ils s'occupèrent
de décorer leur église par des tableaux, par des tentures,
par des mosaïques ou par des sculptures religieuses sur la
pierre et sur le bois. — Ces différents travaux marchèrent
en concurrence avec les lettres et les sciences dans lesquelles les Bénédictins ont toujours excellé, comme
chacun sait, sans qu'il soit nécessaire de citer ici leurs
œuvres littéraires, ni les noms des hommes illustres, si
nombreux, produits par cet ordre.

La plupart des moines ne sachant pas même lire à cette
époque reculée, on leur donna d'abord des leçons de lec-
ture et d'écriture. Promptement la calligraphie, à laquelle

ils s'appliquèrent avec un soin extrême, produisit d'excellents résultats, elle devint bientôt un art tout particulier. C'est alors que commencèrent à paraître ces livres de prières sur vélin, enrichis de vignettes délicates, de majuscules historiées, puis plus tard décorés de la représentation de faits bibliques en rapport avec le texte des manuscrits. — Ces parchemins étaient souvent teints en rouge ou en bleu, en couleur pourpre ou violette ; sur ces couleurs foncées les calligraphes employèrent de préférence l'encre d'or ou d'argent fort en vogue au vii⁴ et viii⁴ siècle. Avant l'emploi de la plume, qui ne fut guère en usage qu'au vii⁴, on écrivait avec un petit jonc, ou une canne (*calamus scriptorius*) ; je ne dois point oublier de mentionner ici les tablettes d'ivoire, dites diptyques et polyptyques fort en usage dans les temps antérieurs chez les Grecs et les Romains, sur lesquelles on représenta les faits les plus mémorables des premiers âges du Christianisme.

La calligraphie poussée à ce point de perfection avec les ornementations accessoires en usage était déjà de la peinture en miniature. Elle suffirait pour affirmer que la peinture proprement dite était en honneur dans les monastères, mais il est facile par quelques exemples de démontrer que les divers arts d'imitation étaient enseignés aux religieux et cultivés par eux dans le double but de décorer les lieux saints de leur diocèse et d'instruire les illettrés.

Sous Childebert, qui monta sur le trône en 511, l'église de Saint-Germain-des-Prés qu'il fit construire fut ornée d'une mosaïque, les murs furent revêtus de fresques et les plafonds de dorures, d'où lui vint le nom de Saint-Germain-le-Doré. — Saint Grégoire de Tours, dans le même siècle, et Ruricius, premier évêque de Limoges, construisirent des églises dans lesquelles les moines de la province ecclésiastique exécutèrent des peintures et des sculptures nombreuses ; on comprend que la sculpture et la peinture étant à cette époque essentiellement religieuses, les artistes cloîtrés seuls étaient aptes à produire des œuvres de cette nature.

Les évêques et les chefs d'ordres monastiques constructeurs des églises et des monastères, dont ils avaient dressé les plans et les projets, avaient sous la main sans cesse à leur disposition des décorateurs zélés qui, sous l'inspiration et la direction de leurs supérieurs, exécutaient sans le moindre intérêt mondain, en vue de la vie éternelle, leur unique but, les mosaïques, les sculptures, les tapisseries et les peintures destinées à décorer leur église épiscopale, ou l'intérieur de l'abbaye dans laquelle ils devaient passer leur vie toute entière. Les moines n'étaient que les exécuteurs de ces œuvres diverses, la composition appartenait sans partage à l'évêque ou à l'abbé. C'était un moyen certain de se conformer à la tradition, aux usages et de ne point contrevenir au dogme.

Plus tard et dès le viie siècle, Dagobert Ier, qui prodigua dans la construction de la basilique de Saint-Denis, l'or, l'argent, le marbre et les pierreries, couvrit entièrement les murailles et les colonnes de tentures enrichies de perles, et cette innovation qui se propagea, porta un grand préjudice aux peintures à fresques.

Les religieux de Saint-Florent de Saumur furent des premiers à tisser des tapisseries ornées de fleurs et de figures d'animaux. L'abbaye de Fleury n'en posséda qu'au xe siècle. Celle de Cluny en étalait sur les murs et les sièges du monastère dans les grandes solennités à partir du xie. — Il serait très-facile de multiplier les exemples, et de citer des œuvres dans les divers arts servant à décorer les temples chrétiens, je ne céderai point à cet entraînement puisque je ne dois que jeter un coup d'œil rapide sur un sujet qui comporterait des développements auxquels je ne puis songer. — Cependant, je dois en quelques mots vous parler des ouvrages d'un tout autre genre qui, sous Clotaire II et Dagobert Ier, son successeur, vinrent donner au culte catholique un nouvel éclat et en augmenter la pompe. Ce sont les ouvrages d'orfèvrerie religieuse exécutés par saint Eloy, évêque de Noyon, *qui forgeait nuit et jour sur son enclume* les objets nécessaires au culte des chrétiens. Il fit surtout de magnifiques châsses, notamment celle de Grégoire de Tours, enrichie d'or et de pierreries dont Dagobert fit tous les frais. Les successeurs de ce grand artiste, et saint Théau en première ligne, moine Saxon que saint Eloy affranchit de l'esclavage pour en faire son compagnon de travail, appartenaient tous à l'église ou à des congrégations. Ils continuèrent à enrichir les églises et les couvents de croix en or et en argent admirablement ciselées, de candélabres, de lampes et de reliquaires garnis de pierres précieuses ; en un mot de tous les objets qui constituèrent le commencement des trésors des cathédrales et d'un grand nombre de couvents, dont l'importance fut constatée plus tard par des inventaires dressés d'après l'ordre de Charlemagne.

Ces faits, ainsi que les œuvres que je viens de citer, appartiennent aux deux siècles qui précédèrent le règne de ce grand prince ; ils attestent qu'une lueur de renaissance à l'endroit des arts s'était produite, sinon au sein de la nation, au moins dans la partie la plus éclairée, c'est-à-dire dans le clergé régulier, et dans les monastères où la culture des lettres, des sciences et des arts avait en grande partie été substituée aux rudes travaux des champs. Ce progrès s'était fait sentir lorsqu'en 771 Charlemagne, par la mort de Carloman, se trouva seul en possession du pou-

voir suprême. — A son avènement à la couronne, Charlemagne imprima à toutes les branches des connaissances
humaines un essort remarquable par la force de son gouvernement, par la sagesse de sa législation, et aussi par
l'influence des hommes de mérite en tout genre qu'il sut
attirer à sa cour. Je ne citerai que trois de ces personnages : Pierre de Pise qu'il ramena d'Italie et dont les
leçons le préparèrent aux enseignements d'Alcuin. Théo-
dulphe, également Italien, qui fut son conseiller intime dans
de nombreuses circonstances, auquel il donna l'abbaye de
Fleury-sur-Loire, avant de l'appeler au siège épiscopal
d'Orléans. Enfin le diacre Alcuin, qu'il enleva à l'église
d'York en 790, où il enseignait les sciences ecclésiastiques
et dont il se fit le disciple.

Par ses écrits, par ses leçons publiques, ce savant recom-
mandable contribua puissamment au progrès des lettres
qu'il enseigna dans la demeure même du souverain. Il
établit une école à Aix-la-Chapelle, plus tard il en fonda
une autre à Tours que fréquentèrent promptement de très-
nombreux disciples; Radgniet, qualifié *sapiens architectus*
y envoya les moines de son abbaye étudier les principes
de la peinture et de la sculpture. (On a conservé du diacre
Alcuin un traité sur les arts libéraux).

Au moment où les arts recevaient des encouragements
dans toute l'étendue des vastes États du nouvel empereur
d'Occident, les empereurs iconomaques, successeurs de
Léon-l'Isaurien, en continuant de proscrire le culte des
images et de persécuter tous ceux qui exécutaient des
représentations de sujets religieux, avaient déjà fait refluer
en Italie une foule de moines-artistes, qui y imprimaient
un certain mouvement à tous les arts. Accueillis par les
papes, les fugitifs de Bysance ne tardèrent point à venir
en plus grand nombre auprès du Saint-Siège. Les bienfaits

de Pepin et de Charlemagne, en accroissant la richesse et l'autorité de l'église romaine, constituèrent ainsi le patrimoine des beaux-arts. Les souverains pontifes non-seulement accueillirent les religieux fugitifs dans les couvents de l'Italie, mais ils fondèrent exprès pour ces intéressants proscrits de vastes monastères, qui devinrent promptement de véritables écoles de peinture et de sculpture religieuses. — Alors, dit un auteur moderne (1), « Rome antique
» sortit de ses ruines, Rome moderne commença ; les murs
» de la ville relevés, les aqueducs rétablis, des bains con-
» sacrés à l'usage des pauvres, de nouvelles églises bâties
» à grands frais, les anciennes restaurées ; dans l'intérieur
» des basiliques une quantité innombrable de châsses, de
» couronnes, de lampes, de candélabres, de devants-
» d'autels en bas-relief, de bustes, de statues même en or
» et en argent ; un nombre non moins étonnant de ten-
» tures à personnages enrichis d'or et de pierres précieu-
» ses, des colonnes, des autels, des pavés entiers revêtus
» de lames d'argent, partout des mosaïques, partout de
» vastes peintures recouvrant l'intérieur des églises dans
» tout leur pourtour. »

Cette citation empruntée à un ouvrage spécial sur la peinture au moyen âge, dont le mérite et l'exactitude ont été généralement proclamés, ne peut laisser le moindre doute sur les progrès qui s'étaient déjà réalisés à cette époque. Je me permettrai néanmoins d'y ajouter qu'Adrien Ier et d'autres souverains pontifes contemporains de Charlemagne firent repeindre plusieurs catacombes ; que Benoît III (mort en 858), fut le dernier à qui l'on attribue des restaurations dans ces souterrains vénérés ; c'est à lui que l'on doit les travaux de restauration des catacombes dites de Pontien.

(1) Emeric David, histoire de la peinture au moyen âge.

Voilà ce qui se passait à Rome aux premiers temps du nouvel empire d'Occident, tandis que Charlemagne dans ses Etats héréditaires encourageait les lettres et les arts par tous les moyens en son pouvoir, il y appelait des moines fugitifs, et voulant conserver leurs nombreuses productions il chargea ses commissaires (*missi dominici*) d'inspecter les églises des provinces, de veiller à l'entretien des mosaïques, des sculptures, des peintures, et de tout le mobilier religieux. Ces inspections périodiques faites chaque année dans des circonscriptions déterminées, par un prélat pour tout ce qui regardait les églises et le culte, et par un laïque pour ce qui concernait l'exécution des lois civiles, eurent d'excellents résultats (1). On ne pouvait pousser plus loin les mesures de conservations qui furent prescrites par plusieurs capitulaires. J'en citerai un seul de l'an 807 d'après Baluse : « Volumus itaque » ut missi nostri per singulos pagos providere studeant, » primum de eclesiis, quomodo structæ aut destructæ » sint, in tectis, in mairiis, sive in parietibus, sive in » pavimentis, nec non in pictura, etiam et in luminariis, » sive officiis. » Des contributions spéciales furent affectées aux travaux de conservation ordonnés par les missi dominici.

Je m'arrête, Messieurs, il n'est point possible de passer en revue toute cette législation, ni d'énumérer les monuments, les églises et les autres constructions remarquables élevés par les ordres de Charlemagne dans sa capitale et ailleurs, mais je dirai qu'après avoir admiré dans les églises de Rome le bel effet produit par les ouvrages en mosaïque, il en fit exécuter plusieurs pour la basilique

---

(1) Ces circonscriptions au nombre de dix d'abord furent portées à douze plus tard, chaque *missaticum* était inspecté simultanément par les deux missi dominici ; cette institution tomba en désuétude peu après le milieu du ixᵉ siècle.

d'Aix-la-Chapelle, et qu'il en fit transporter d'Italie en France sur des chariots envoyés exprès. Il en décora plusieurs églises. L'un de ces produits exotiques fut placé à l'abbaye de Saint-Riquier.

Tous les auteurs anciens parlent avec éloge d'un peintre contemporain de Charlemagne, et parmi les modernes, je trouve dans cette histoire de la peinture au moyen âge, dont je viens de parler, le passage suivant sur cet artiste, le seul connu de cette époque, il se nommait Maladulphe :

« Anségise se signala par son zèle ; abbé de Fontenelle, de
» Luxeuil et de Saint-Germain-de-Flaix, il revêtit *entière-*
» *ment* de peintures les murs et les plafonds des églises,
» des réfectoires et même des dortoirs de ces trois
» abbayes. Le peintre Maladulphe, chanoine de Cambray,
» fut chargé de ces travaux et y acquit une grande répu-
» tation. »

L'importance de ces travaux ne permet pas de penser que Maladulphe ait pu exécuter ces peintures sans l'aide et le concours des religieux de ces trois abbayes. Ces œuvres furent exécutées de 787 à 823. Elles démontrent que le goût des arts s'était introduit dans l'esprit des religieux, et qu'il était venu mitiger la règle du sage fondateur, qui dans le principe portait dans son texte : *In dormitorio nihil pictum aut variatum.*

Les écrivains constatent encore que les tableaux portatifs se multiplièrent, les diptyques d'ivoire furent consacrés à la décoration des autels, et le pèlerin le plus pauvre renfermait des sculptures et des peintures dans des diptyques ou des triptyques en bois qu'il transportait dévotement dans ses voyages les plus lointains.

C'en est assez, je pense, pour démontrer combien la civilisation artistique avait progressé sous le règne de Charlemagne par ses propres efforts, par les travaux du

clergé, par ceux des religieux cloîtrés ; les principes géné-
raux professés publiquement par le diacre Alcuin, et les
leçons des proscrits de Bysance avaient épuré le goût des
moines, et en avait fait de véritables artistes dans tous
les arts. — Cette lueur de renaissance ne dura guère. Après
la mort de Charlemagne, ses successeurs, moins puissants
et moins habiles, au milieu de grandes difficultés gouver-
nementales eurent en outre à soutenir des guerres intes-
tines et étrangères, toujours funestes aux lettres et aux
beaux-arts, vinrent ensuite les terreurs que causait l'approche de l'an mil, fort exagérées sans aucun doute, mais
ayant néanmoins exercé une certaine influence. D'autres
causes, à mon avis plus positives et plus réelles, vinrent
contribuer à la décadence et à l'abandon des arts, ce sont
les invasions et les dévastations des Normands dont les
trésors des cathédrales et des riches abbayes excitèrent
singulièrement l'avidité sous les successeurs de Charlemagne, qui trop faibles pour chasser ces audacieux
pirates, les laissèrent commettre des déprédations, dis-
perser des religieux dont ils dévastèrent et pillèrent les
monastères, et d'abord tous les objets précieux d'orfèvrerie qui composaient les trésors d'un si grand nombre
d'églises, cathédrales, collégiales, abbatiales et autres
répandues partout dans les campagnes, dans les lieux les
plus retirés.

Un grand nombre de nos provinces furent dévastées par
les Normands pendant une longue série d'années ; la
Champagne elle-même malgré son éloignement de la mer
ne fut point à l'abri de ces pirates barbares. Grosley, dans
ses éphémérides d'après le cartulaire de Saint-Loup, place
en l'année 898 une incursion dont la ville de Troyes eut
beaucoup à souffrir : « La cathédrale, dit-il, *bâtie par*
» *Otulphe, son évêque, à peine achevée, fut ruinée par les*

» *Normands.* » Vous même, Messieurs, dans le dictionnaire géographique récemment publié par vos soins, vous avez constaté que l'abbaye de Saint-Gond, sur le territoire de la commune d'Oyes, fut pillée dans le ixe siècle par ces audacieux étrangers, et qu'en 936 ils dévastèrent également le couvent et l'abbaye de Saint-Pierre d'Orbais.

Ces pertes furent immenses dans l'étendue de la Gaule, d'après les récits de tous les écrivains, elles contribuèrent donc incontestablement à replonger le pays dans les ténèbres épaisses de la barbarie.

Heureusement les monastères nombreux ne perdirent point courage, ils furent des asiles où les lettres, les sciences et les arts continuèrent à être cultivés. Ce sont eux qui en conservèrent le goût, et qui formèrent les artistes en tout genre, dont les noms parvenus à la postérité n'apparaissent avec certitude qu'à partir du xe ou xie siècle. Comment ces noms sont-ils parvenus jusqu'à nous ? Ce sont des écrits de quelques religieux, des chroniques, des annales ou mémoires de moines contemporains, qui, en constatant l'époque de travaux exécutés dans leur abbaye, ont quelquefois ajouté le nom du frère auquel cette tâche avait été imposée, car nulle œuvre n'était signée (1) ; la stricte loi de l'humilité imposée par le saint législateur des Bénédictins ne permettait point qu'un religieux tirât jamais vanité ni profit de ce qu'il devait faire par pure obéissance, *ad gloriam Dei,* et aussi en vue d'apprendre aux illettrés les principaux évènements de l'histoire sacrée. Mais je suis arrivé à l'époque où les noms de quelques-uns de ces sculpteurs cloîtrés, ont par hazard échappé à l'oubli, qui leur semblait réservé, il ne me reste plus qu'à vous les faire connaître.

(1) Ce n'est que vers le milieu du xie siècle, qu'on signale dans le midi de la France quelques rares sculptures signées d'un nom d'auteur. Le tombeau de saint Front dans le Languedoc porte la date de 1077, et le nom Guinamont.

Le premier de tous les sculpteurs français du moyen âge porté sur les listes générales fut un Bénédictin de Saint-Gall (1), il était peintre, statuaire, poète et musicien, sa réputation n'est point contestée. Il avait une vaste science et la connaissance de tous les arts, il se nommait Tutilon. On ignore le lieu, ainsi que la date précise de sa naissance; sa mort est indiquée en l'année 908. Je n'en dirai pas davantage sur le compte de ce moine qui eut une véritable célébrité, et qui précède immédiatement votre premier sculpteur Champenois.

De 960 à 970 naquit aux environs de Brienne, dans le diocèse de Châlons, un homme qui figure dans les nomenclatures des peintres et des sculpteurs du moyen âge, sous le nom de Hugues, et devint moine dans l'abbaye de Bénédictins de Montier-en-Der (*monasterium in Dervo*). Placé dès son enfance dans cette abbaye il y apprit spécialement à peindre et à sculpter, puis s'étant échappé de son couvent, il mena quelque temps une vie peu régulière et vécut du produit de ses travaux. A la suite de plusieurs œuvres de sculpture et de peinture par lui exécutées dans l'étendue du diocèse, il se rendit à Châlons, où sa réputation avait précédé sa venue. Gibuin, deuxième du nom, évêque de notre ville, lui proposa de renouveler les peintures de la cathédrale, effacées par l'effet du temps (*ad renovendá opera suæ ecclesiæ quæ erant obnubilata multorum temporum vetustale*) (2). En effet, il exécuta ces peintures en l'année 999 au dire de tous ceux qui parlent de ce religieux Bénédictin.

L'année suivante, Béranger, abbé de Montier-en-Der, qui

---

(1) Saint-Gall en Allemagne, le Mont-Cassin en Italie, et Cluny en France, étaient au IXe et Xe siècles les métropoles de l'art chrétien.

(M. de Montalembert).

(2) De diversis artibus, apud Dochery et Mabillon. Tome 2, page 856.

venait de terminer la reconstruction de son église, invita Gibuin son évêque à venir la consacrer ; ce prélat emmena Hugues avec lui et le fit réintégrer dans son couvent, bientôt il reçut de son abbé l'ordre de sculpter un crucifix. Le Christ, dit l'historien, ne voulut point être représenté par des mains si profanes. Hugues fut atteint d'une grave maladie, et pendant qu'elle le retenait au lit, un autre moine sculpta la sainte image. Je n'ai pas besoin de vous dire que les écrivains de cette époque abondent en légendes, témoin Flodoard dans son histoire de l'église de Reims et dans sa chronique qui commence à l'année 919 et finit en 966. — On ignore l'époque de la mort de votre premier sculpteur, mais tous les auteurs sont d'accord sur le lieu où il finit ses jours, c'est dans le monastère où il avait passé la plus longue partie de sa vie au milieu des moines ses frères, qui, comme lui, cultivaient en commun les lettres et les arts, sans le moindre intérêt mondain, et seulement en vue de glorifier Dieu.

Après ce moine de Montier-en-Der, je traverse plus d'un siècle et demi sans rencontrer un seul nom de sculpteur Champenois, je n'en concluerai pas que votre province fut stérile en statuaires, mais leurs noms ne sont point parvenus jusqu'à nous. Les auteurs ne citent que le moine Guinamont et trois ou quatre autres artistes en sculpture, dans toute l'étendue des Gaules au cours du XIe siècle. — Dans le XIIe siècle, les nomenclatures qui ont passé sous mes yeux, indiquent sans le moindre détail, un moine de Reims, du nom de Foulques, comme sculpteur dans cette ville. Sans faire connaître les œuvres qu'il exécuta, plusieurs auteurs parlent de lui avec éloge, et le comparent à ses contemporains les plus habiles dans l'art de la statuaire, notamment à Hunand, religieux de Sainte-Bénigne de Dijon.

Permettez que je remarque avec vous, Messieurs, sans m'en étonner toutefois, que cette antique et très-importante ville de Reims ne peut citer un seul nom de sculpteur avant le XIIe siècle, et qu'après Foulques elle est encore, ainsi que la Champagne entière, fort longtemps sans pouvoir en désigner aucun avec certitude. Cependant cette cité, amie des arts, riche en beaux monuments, possédait tout ce qui peut inspirer le génie des artistes. Les portes monumentales détruites depuis 60 années environ, les mosaïques romaines, l'arc de triomphe alors intact, qui n'avait été ni mutilé ni enfoui, et ce tombeau de Jovin jugé digne de servir de modèle au mausolée élevé en l'honneur de Carloman, frère de Charlemagne, n'étaient-ils pas faits pour stimuler et inspirer les sculpteurs qui travaillèrent aux églises pendant la longue période du moyen âge, dont je viens de vous entretenir? Gardons-nous de penser que ces sculptures antiques n'aient point exercé une heureuse influence sur les œuvres qui enrichirent et décorèrent vos églises des siècles postérieurs. Les noms des auteurs de tous ces travaux sont restés inconnus, je le constate, ainsi que le silence des écrivains contemporains, comme une preuve de plus de leur origine monastique, mais je n'oublie point que, morts au monde dès leur entrée dans le monastère, ils devaient rester inconnus même après le trépas. Tel était le précepte de l'humilité religieuse, base première de tous les établissements monastiques, auxquels nous devons tant de sculptures et autres œuvres artistiques.

Au XIVe siècle la ville de Sens posséda un sculpteur d'un vrai mérite que l'on suppose y être né, sans doute il était moine, les auteurs cependant sont muets sur ce point, il se nommait Jacques, dit des Stalles. On cite de lui, à la date de 1370, une œuvre que, d'après quelques renseigne-

ments, je puis appeler capitale, et qui malheureusement
a été déplacée dans le cours de notre grande révolution,
sans qu'on sache ce qu'elle est devenue. C'étaient des
stalles en bois sculptées, avec un soin extrême, placées au
palais archiépiscopal dans la chapelle Saint-Laurent, qui
lui valurent le surnom de *des Stalles* sous lequel il est
généralement désigné. Dans des écrits spéciaux à la sculpture sur bois, je trouve citées, comme les plus dignes de
remarque et d'éloge, les boiseries de la cathédrale
d'Amiens, qui datent de 1508 à 1519, les stalles de la
chapelle Saint-Laurent à Sens, de 1370, et les boiseries de
Saint-Pierre d'Orbais de 1520, dont malheureusement une
partie seulement a été conservée. — Vers la même époque
vécurent à Troyes les auteurs du jubé de la cathédrale,
aujourd'hui détruit, ils se nommaient Denizot et Drouin.
Le premier était Troyen, le deuxième, son associé, était
venu s'établir à Troyes pour travailler avec son ami ; on
est fondé à penser qu'il était de Mantes, d'après le surnom
qui lui est habituellement attribué.

Pendant plusieurs siècles, tous les sculpteurs furent in-
distinctement appelés tailleurs d'ymages, plus tard ils
reçurent des noms différents, selon les travaux auxquels
ils s'adonnèrent : il y eut alors des bahutiers, des huchers,
des ymagiers, des sculpteurs-menuisiers, et des fondeurs-
sculpteurs. La ville de Troyes paraît, plus que toute autre,
avoir possédé un grand nombre de ces habiles ouvriers en
tous genres, et notamment en sculpture sur bois. Ils firent,
en grand nombre, des meubles de sacristies, des bancs-
d'œuvres, des chaires, des rétables et autres objets deve-
nus rares de nos jours, et dont le musée de Cluny possède
une collection très-remarquable. — Jacques Bichot, imagier, associé à Henrion Costerel, fondeur, l'un et l'autre
Troyens, entreprirent des travaux d'un ordre supérieur.

De 1495 à 1501, ils exécutèrent les tombeaux de Henri-de-Lorraine, évêque de Metz, et de Ferry-de-Lorraine, seigneur de Joinville. Ces deux monuments funèbres ont obtenu les éloges de tous les écrivains qui en ont parlé. — Jacques Milon, désigné sous le titre modeste de menuisier, s'occupa de la sculpture avec succès dès le commencement du XVI⁰ siècle. Il est signalé comme l'un des habiles décorateurs des églises de Troyes, son pays natal. — En 1500 ou 1501 naquit à Soucy en Champagne, à six kilomètres de Sens, un homme des plus marquants dans les arts et célèbre surtout comme peintre-verrier, à ce titre j'ai eu l'honneur de vous en entretenir assez longuement, c'est Jean Cousin. Je serai bref pour ne pas me répéter. Je dois rappeler qu'il fut architecte, géomètre, écrivain, peintre à l'huile et peintre sur verre, enfin sculpteur très-distingué. Son œuvre la plus importante, qui lui a mérité d'être rangé parmi les artistes en renom dans l'art statuaire, est le tombeau de l'amiral Chabot, placé jadis aux Célestins de Paris, et détruit en 1793 avec tant d'autres monuments précieux et honorables pour le génie de la nation française.

L'ordre des dates me ramène dans la ville de Troyes, si féconde en artistes dans tous les arts d'imitation. — Christophe Molu, qualifié sculpteur-menuisier par Grosley, fut, dit cet auteur, employé par nos pères à sculpter des tabernacles, des autels, des rétables distribués en compartiments et composés de figures détachées sur un fond continu. Il exécuta, pour les églises de Troyes, nombre d'ouvrages représentant les mystères de la religion. Une de ses œuvres portait la date de 1538, dans la collégiale de Saint-Etienne, il avait également travaillé à un rétable de la Madeleine placé à l'autel de Saint-Sébastien. En faisant l'éloge de Molu, le même écrivain exprime son sentiment sur un autre sculpteur nommé Juliot, qui le suivit de très-près et auquel il donne la préférence ; puis il ajoute : que Juliot, précurseur de Gentil et de Dominique, s'occupa aussi de la décoration des églises de Troyes. Son ciseau, dit-il, fut plus délicat que celui de Molu, son dessin plus correct, son goût plus pur, enfin son talent se ressentit du progrès de l'école Florentine.

François Gentil (et non Genty) travailla constamment avec Messer Domenico, dit Dominique. Le premier était Troyen, le deuxième, ainsi que l'indique son nom, était d'origine italienne. On ignore comment ils firent connaissance et se lièrent d'une étroite amitié qui les a souvent fait passer pour deux frères. Un ouvrage moderne, dans une simple citation, les désigne de la sorte, et les place au niveau de Benvenuto Cellini, de Paul Ponce Tubati, Italiens, et de Hugues Sambin, Bourguignon.

A l'époque où vivait Grosley, la ville de Troyes, dit-il dans ses mémoires, était encore en possession de 200 pièces de sculpture de ces estimables artistes.

C'est à Gentil et à Dominique que l'on a souvent attribué le développement précoce des heureuses dispositions de Mignard et de Girardon dont les études premières, dès leur jeunesse, eurent pour but d'étudier et d'imiter les remarquables modèles qu'ils avaient sous les yeux dans leur ville natale.

Bernini, dit le chevalier Bernin, plus compétent que Grosley, avait en grande estime les œuvres de Gentil et de son ami. Pendant son séjour en France, où l'avait appelé Louis XIV, dont il exécuta un buste fort apprécié, il fit un voyage à Troyes ; après avoir visité les églises et tous les objets d'arts de cette ville, il donna surtout des éloges aux productions de nos deux artistes et s'écria que Troyes était une petite Rome, tant il avait été satisfait de tout ce qu'il y avait vu. Gentil et Dominique mériteraient d'être plus connus hors de la Champagne où leur réputation est très-populaire, et justifiée par les nombreux ouvrages qui décorent les édifices religieux de la ville de Troyes. Au jugement de Girardon, dit Grosley, le chef-d'œuvre de Gentil est la *Mère de Pitié* (Mater Dolorosa), que possède l'église de Saint-Pantalion.

HUGUES LALLEMENT. — Sous le règne de Henri, deuxième du nom, et de François II, son successeur, vécut à Châlons un artiste en sculpture nommé Hugues Lallement. Son nom, presque ignoré sous les règnes suivants, est aujourd'hui préservé de l'oubli, dont il avait été menacé ; le père de cet artiste, habitant de cette ville, était maître tanneur. La tradition populaire lui attribue des sculptures sur bois qui, malgré les mutilations révolutionnaires de 1794, sont encore assez apparentes pour permettre de reconnaître sur la porte latérale sud de Notre-Dame, la représentation des quatre saisons. Le nom de l'auteur était-il inscrit sur les parties basses réparées depuis quelques années ? On l'ignore, mais on voit encore dans son entier, à la partie supérieure, le chiffre du roi Henri II.

Deux autres sculptures sur pierre dûes au ciseau de Lallement ont heureusement été conservées dans un état parfait, elles portent en toutes lettres les nom et prénom de Hugues Lallement et le millésime de 1562.

C'est avec un vif regret que je suis forcé de dire que la ville de Châlons n'a point su conserver les œuvres de l'un de ses enfants honorant son pays ; elles existent pour l'honneur de leur auteur et ont été jugées dignes de figurer au musée de Cluny, fondé par un Champenois. Ce sont deux cheminées en pierre, autrefois placées dans une habitation particulière, dite la maison de la belle Gabrielle, détruite il y a quarante années environ dans la rue de

Vaux, presqu'en face de la nouvelle sacristie de Notre-Dame.

Ces cheminées, achetées par M. Dusommerard, pour le musée du moyen âge, représentent, la première un sujet religieux, la deuxième, un sujet mythologique. Sur l'une, l'on voit le Christ à la fontaine, entouré de génies et de trophées d'armes, sur l'autre, c'est Diane surprise au bain par Actéon. Cette dernière est exécutée en bas-relief, la première au contraire est une œuvre de haut-relief.

La vente de ces deux cheminées fut faite à un prix fort inférieur à la valeur réelle de ces deux pièces de sculpture. Sans doute le mérite en était inconnu du vendeur, mais cette circonstance, tout en privant votre ville de la possession de ces objets très-précieux pour elle, en a assuré la conservation ; elles sont aujourd'hui fort connues et très-appréciées, et la réputation de votre compatriote en a reçu un plus grand lustre. La dernière de ces cheminées, dont je viens de parler, mesure 4 mètres en hauteur sur 3 mètres 70 centimètres en largeur, l'autre est d'une dimension un peu moindre.

Ces sculptures de Hugues Lallement sont portées sur le catalogue du musée de Cluny, sous les numéros 1896 et 1897.

LES JACQUES. — Au cours du XVIe siècle la ville de Reims posséda dans son sein une famille d'artistes en sculpture, dont un membre a jeté un véritable éclat, honoré son pays et son nom, et laissé des œuvres qui ne permettent pas que sa mémoire périsse désormais. Cette famille, Messieurs, c'est la famille Jacques, dont le nom n'a jamais cessé d'être populaire dans la ville de Reims, malgré la confusion faite généralement des œuvres de ces artistes appelés, sans vérification, les frères Jacques, et auxquels on attribuait tout ce qui avait quelque valeur, et paraissait appartenir à leur époque.

Longtemps, le plus illustre de ses membres, Pierre Jacques, par suite d'une erreur de Blaise de Vigenère, écrivain du reste sérieux, fort estimé et grand partisan de notre habile statuaire Champenois, a passé pour être né à Angoulême, où il avait séjourné quelque temps; mais cette désignation de Jacques d'Angoulême donnée par cet auteur tout seul, et reproduite dans une nomenclature des statuaires français, imprimée en 1847, ne peut prévaloir sur les preuves positives dont on est aujourd'hui en possession, grâce surtout aux recherches nombreuses, patientes et consciencieuses d'un membre de l'Académie de Reims (1), qui lèvent tous les doutes propagés depuis près de trois siècles.

Pierre Jacques était né à Reims, patrie de son père, également sculpteur, sans réputation et dépourvu de fortune, qui serait resté dans un complet oubli, sans le mérite de ce fils admirablement favorisé par la nature.

Ce n'est pas la première fois qu'un artiste a été désigné par le nom de la ville dans laquelle il avait commencé sa réputation; en Italie cet usage est des plus fréquents, comme on le sait, et sans sortir de la Champagne, je puis facilement vous citer des exemples marquants. Les deux Mignard, nés à Troyes, qui l'un et l'autre sont désignés et connus par le surnom des cités qui les possédèrent au début de leurs succès. Pierre, le plus célèbre des deux frères, n'est-il pas habituellement appelé le Romain, à cause de son long séjour à Rome? tandis que Nicolas, son frère aîné, qui fut aussi peintre d'histoire et en même temps graveur distingué, est toujours nommé par les auteurs, Mignard d'Avignon, où il avait fixé sa résidence et où plus tard il s'était marié.

J'ai dû être bref en parlant de Jean Cousin, dont le

(1) M. Sutaine.

mérite et les œuvres sont célébrés par tous les écrivains.
Je vous promets, par les mêmes motifs, de ne point
m'étendre longuement sur le compte de Girardon et de
Bouchardon lorsque j'arriverai à leur époque, mais pour
la famille Jacques au contraire j'ai le devoir d'entrer dans
des détails. J'ai besoin de vous démontrer que l'origine de
Pierre Jacques ne peut être contestée à la Champagne ; sa
réputation, son talent, ainsi que vous allez en être con-
vaincus, méritent qu'on le revendique comme une gloire
de la ville de Reims, nul dans les arts ne peut lui faire
plus d'honneur. — On sait que de son vivant il habitait
rue de la Poissonnerie, aujourd'hui rue Tronçon du Cou-
dray, on sait la date de sa mort, 1596, on connaît nombre
de ses travaux dans plusieurs villes de ce département, et
l'un des premiers en date, parmi ceux qui sont incontestés,
est une œuvre capitale. C'était le tombeau de saint Remi,
placé dans l'antique basilique du même nom, détruit par
les iconoclastes de 1793, et dont heureusement les quinze
statues nous ont été conservées par un ardent ami des
arts dans cette période de destruction et de vandalisme
révolutionnaires. Je reviendrai bientôt sur ce sujet, mais
avant je veux vous dire quelques faits positifs et intéressants sur Pierre Jacques. — Les heureuses dispositions
artistiques qu'il fit paraître dès sa jeunesse, lui valurent
de bonne heure la bienveillance de Robert de Lénoncourt,
archevêque de Reims de 1514 à 1532 ; cet illustre prélat
l'employa et lui facilita un premier voyage à Rome, à une
date qui n'est point précisée avec exactitude ; notre artiste
étudia assidûment pendant son séjour en Italie, il se mit
en rapport avec les grands maîtres de cette époque, celle
de Michel-Ange. Il est fort probable que c'est au retour de
ce premier voyage qu'il travailla au tombeau de saint
Remi, sur la commande du prélat, son premier protecteur,
mort en 1532, avant l'achèvement complet de cette œuvre

importante, qui fut terminée par les soins et la générosité de son neveu M. de Lénoncourt, abbé de Saint-Remi de Reims.

Ce qui nous a été conservé de ce précieux monument inspire encore de vifs regrets de la perte du surplus. Sa richesse a été la première cause de sa destruction, l'or et l'argent dont il était en partie composé ont excité la convoitise de nos démolisseurs, et les quinze statues en pierre représentant les six pairs ecclésiastiques, les six pairs laïques, Clovis, assisté de Thiéry son aumônier, plus le grand saint qui l'instruisit et lui conféra le baptême, auraient certainement été détruites, si la matière avait eu plus de prix. — Ce sont ces mêmes statues qui aujourd'hui entourent le nouveau catafalque élevé à la gloire de cet apôtre de la Champagne peu après le dernier sacre qu'a vu la métropole de l'antique monarchie.

Après la mort de M. de Lénoncourt, Jean-de-Lorraine, son successeur immédiat, devint aussitôt le protecteur de notre éminent artiste, mais il occupa peu de temps le siège métropolitain, il fut remplacé par Charles-de-Lorraine, dit le grand cardinal de Lorraine, ami très-éclairé des lettres et des arts, véritable Mécène de tous ceux qui les cultivaient; son patronage et sa bienveillance furent aussitôt acquis à notre statuaire.

En novembre 1549, Pierre Jacques fut emmené par le cardinal de Lorraine à Rome, où ce prélat fut appelé pour la tenue du conclave qui plaça sur le trône pontifical, après la mort de Paul, troisième du nom, Jules III, exalté en février 1550. Pendant ce deuxième séjour dans la ville éternelle, où Jacques était si heureux de se retrouver au milieu des chefs-d'œuvre qu'il avait admirés une première fois, et qu'il étudiait sans cesse; au milieu des artistes si remarquables en tout genre, qui survivant à Bramante et

à Raphaël avaient encore à leur tête l'immortel Michel-Ange,
il eut le bonheur de prendre part à un concours composé
de vingt-trois concurrents, parmi lesquels figurait Michel-
Ange lui-même. — Le but de ce concours était le choix à
faire du modèle de la statue de saint Pierre, destinée à la
chapelle du Vatican. Les juges de ce concours, choisis
parmi les célébrités italiennes, proclamèrent à l'unanimité
comme le plus parfait, le modèle présenté par Pierre Jacques. — Cet honneur, je ne crains pas de dire ce triomphe,
suffirait seul à la gloire d'un artiste, mais je veux vous
faire connaître les termes dans lesquels le fait fut constaté
par l'écrivain contemporain dont j'ai déjà parlé, Blaise de
Vigenère, dans ses tableaux de plate peinture écrivant
quelques années plus tard dans la ville même de Rome, où
des fonctions diplomatiques confiées par la France le firent
séjourner plusieurs années. Après avoir parlé avec éloge
de Germain Pilon, souvent présenté comme le plus excel-
lent imagier français, il ajoute : « J'excepterai toujours un
» maître Jacques qui, l'an 1550, s'osa bien parangonner à
» Michel-Ange pour le modèle de l'image de saint Pierre,
» et de fait l'emporta lors par-dessus lui, au jugement de
» tous les maîtres, même Italiens. »

Remarquez, Messieurs, la bizarrerie du destin, ce grand
sculpteur, cet éminent artiste qui l'emporta sur Michel-
Ange et ses nombreux concurrents au jugement des plus
illustres maîtres de l'Italie, qui, jeune encore, fut placé
par un écrivain estimé, son contemporain, au-dessus de
Germain Pilon, alors dans toute sa gloire, et qui a mérité
d'être appelé le restaurateur de la statuaire en France ;
cet artiste, dont plusieurs œuvres ont été conservées
dans le pays qui le vit naître, est resté presque ignoré
hors de sa patrie locale, son nom est passé sous silence
dans les biographies générales, nul souvenir public n'a

été consacré à sa mémoire, et pendant plus de deux siècles, on a ravi à la ville de Reims l'honneur de lui avoir donné naissance. S'il eut été moins modeste, moins attaché au berceau de sa famille, s'il se fut transporté sur un plus grand théâtre, dans la capitale du royaume, selon les conseils auxquels il résista, il en eut été autrement, et son nom aurait acquis une célébrité universelle. — Il n'appartient à personne de lui adresser le reproche d'avoir trop aimé sa patrie, mais n'est-ce pas pour nous tous un devoir de mettre aujourd'hui en lumière son beau talent et ses remarquables travaux ?

Il ne dépend plus de nous d'ombrager sa tombe d'un laurier tardif, mais qu'un simple monument consacre cette gloire de trois siècles, ce ne sera que justice de la part de ses concitoyens ; qu'une inscription rappelle l'impartialité des juges de ce concours de 1550, et que la patrie de Jacques puisse montrer à tous les regards que sa justice involontairement tardive n'en doit avoir que plus d'éclat. « Que ton ombre se rassure dans le silence et la nuit de ta tombe, tu ne périras point tout entier, ô Jacques, c'est pour tes pareils que l'antiquité disait : « *Dignum laude musa vetat mori !* »

Malgré les pertes nombreuses, résultat de la destruction de tant d'églises, de tant d'abbayes, pour lesquelles Jacques avait exécuté des sculptures à Reims, à Châlons et ailleurs, notre département a conservé des œuvres qui sont incontestables. — Dans l'ordre chronologique, se présente d'abord le portail latéral de l'église paroissiale d'Epernay, portant la date de 1540, puis la chapelle de Saint-André à Saint-Alpin de Châlons, terminé en 1553, le magnifique crucifix de l'église Saint-Jacques à Reims, jadis exécuté pour Saint-Pierre le vieil, et déplacé en 1793, lors de sa démolition. Selon plusieurs auteurs, cette

pièce de sculpture est le chef-d'œuvre de notre artiste.
Leférou, dans son introduction inédite à l'histoire de Reims,
s'exprime ainsi : « Il y a particulièrement à remarquer à
» Saint-Pierre le vieil, le grand crucifix que tous les
» étrangers ne manquent pas de considérer avec admira-
» tion, comme la pièce de sculpture la plus achevée en
» ce genre qui soit en France et peut-être ailleurs, etc...
» Ce christ est l'ouvrage de Jacques, natif de Reims, qui
» vivait sous Henri III, et qui aurait fait fortune à la cour,
» s'il eut eu moins de zèle et d'affection pour sa patrie. »
D'autres auteurs font l'éloge du mausolée de Saint-Remi
et des statues encore existantes, tous louent la délica-
tesse et le fini du portail d'Epernay, tous aussi s'accordent à reconnaître la supériorité incontestée du Christ
dont il vient d'être question. A présent, Messieurs, vous
allez savoir ce qu'en dit l'une de vos célébrités, l'auteur
des grands chemins de l'Empire, Bergier, cet écrivain
consciencieux qui avait connu tous les membres de la
famille Jacques, qui avait survécu à Pierre et qui mourut
en 1623, la même année que Nicolas Jacques dont je
vais vous parler rapidement.

Les détails précis de Bergier sur ces deux membres
de la famille Jacques, ne peuvent laisser aucun doute
sur leur origine et leur degré de parenté. Quant à moi,
au point de vue où je me suis placé, je n'aurais nul besoin d'établir une filiation généalogique, de rechercher
la parenté directe ou collatérale ; il me suffirait pour
inscrire dans ma nomenclature, Pierre et Nicolas Jacques,
de savoir qu'ils virent le jour à Reims et s'y occupèrent
de la sculpture. Qu'importe aux arts qu'ils fussent frères,
comme on l'a dit depuis plus de deux siècles sans con-
sulter Bergier, qui déclare que Pierre était le père de Nicolas, dans son ouvrage intitulé le Bouquet royal? — Voici

les expressions de Bergier (1), à l'occasion de la description du buste colossal du Roi, dont l'exécution avait été confiée à Nicolas Jacques pour le sacre de Louis XIII, avec une statue représentant la France (qui fut exposée aux regards du public à l'extrémité de la rue de Vesle).

« A cette fin on avait rapporté de Paris un portrait
» au naturel de Sa Majesté, des mieux choisis, qui servit
» de modèle à M. Nicolas Jacques, qui en fut l'ouvrier,
» fils de ce grand sculpteur M. Pierre Jacques, natif de
» notre ville, qui y décéda en 1596, dont les œuvres qui
» se voyent et en Italie et en France, seront à jamais l'ad-
» miration de la postérité pour être des plus parfaites
» en leur espèce. Ce que je dis sans crainte de recevoir
» un démenti de ceux qui sont du métier, qui savent
» mieux ses mérites que pas un autre. Cette statue (ce
» buste) à cause de la hauteur du lieu où elle devait être
» mise fut faite en forme de colosse beaucoup plus grande
» que le naturel, etc. » — Après une déclaration semblable de la part de Bergier, peut-il rester le moindre doute sur le degré de parenté entre Pierre et Nicolas Jacques? Je ne puis le penser; j'y trouve en outre une nouvelle preuve de la supériorité du talent de Pierre Jacques, comme je vois dans le choix de Nicolas, son fils, pour exécuter le portrait du Roi et la statue de la France dans cette circonstance solennelle, la certitude d'un mérite reconnu et d'une réputation déjà faite. Nicolas est l'auteur incontesté de la passion de Notre-Seigneur, placée au grand autel de l'église de Saint-Pierre.

Un autre sculpteur du nom de Jacques, que l'on croit

(1) Dans son ouvrage intitulé le Bouquet Royal, imprimé après sa mort par les soins de Pierre de Lasalle, son ami, ainsi que le constatent les termes du privilége du roi, en date de 1657 (Bergier était mort le 18 septembre 1623).

de la même famille, vivait à Reims au commencement du xviie siècle. On lui attribue une statuette fort appréciée, portant le millésime de 1606, et les initiales des noms sous lesquels il était connu (Franciscus Jacques), les contestations qui se sont élevées entre des personnes instruites qui recherchent avec un zèle et une persévérance louables, les traces de la descendance du grand sculpteur, ne me permettent pas de décider cette question de parenté, je me contente de vous signaler cet artiste en me rappelant la devise du sage : Dans le doute abstiens toi.

GIRARDON. — J'arrive à l'un de ces hommes éminents et rares dont le mérite et la réputation sont tellement connus, tellement incontestés, qu'il serait déplacé de ma part, dans une simple nomenclature des sculpteurs de toute une province, d'entrer dans des détails nombreux. Je ne pourrais que vous dire des faits publiés bien des fois, et je n'oserais me permettre de contester un seul des jugements portés par les écrivains compétents, et sanctionnés depuis deux siècles par la postérité. Je viens vous parler de Girardon. Il naquit à Troyes en 1627 et mourut à Paris en 1715. Ses maîtres furent Maguière et François Angier. Son père, fondeur de métaux, le destinait à une profession libérale, mais le sort en avait décidé autrement, la vocation du jeune Girardon s'était révélée de fort bonne heure d'une manière irrésistible. — Grosley fait connaître des particularités d'un grand intérêt sur la jeunesse de cet artiste, sur le jugement favorable du chancelier Séguier, que pour la première fois il vit à son château de Villemort (à Saint-Liébaut), travailler avec Baudesson, son maître en menuiserie ; sur l'intérêt et la bienveillance qu'il ne cessa de lui témoigner toute sa vie, et d'abord en lui facilitant un premier voyage à Rome ; en lui faisant accorder après son retour, en 1653, une pension sur les sceaux. Mais j'ai promis d'être bref, et Grosley, qui me fournit en partie ces détails, se trouve dans toutes les bibliothèques. Dois-je vous énumérer les œuvres de Girardon? ce serait, selon moi, tout-à-fait inutile, je rappellerai seulement le mausolée du cardinal de Richelieu à la Sorbonne, l'enlèvement de Proserpine et le groupe des bains d'Apollon dans les jardins de Versailles, et dans la salle académique de Troyes, le portrait en grande médaille de marbre blanc, de Colbert de Villacef. — Boileau, dont Girardon avait exécuté le buste, ouvrage des plus remarqués à la ville et la cour, exprima son sentiment sur cette œuvre par des vers connus de tout le monde que cependant vous me permettrez de citer ici :

> Grâce au Phidias de notre âge,
> Me voilà sûr de vivre autant que l'Univers,
> Et ne connut-on plus ni mon nom ni mes vers,
> Dans ce marbre fameux, taillé sur mon visage,
> De Girardon toujours on vantera l'ouvrage.

Après ce que je viens de dire, à quoi servirait de rappeler les titres académiques de Girardon, de constater qu'il devint inspecteur des ouvrages de sculpture après la mort de Lebrun, les titres, les emplois n'ajoutent rien au mérite des Girardon, et des J. Cousin.

> *Je dis* par quels exploits leurs noms ont éclaté,
> Plutôt ce qu'ils ont fait que ce qu'ils ont été.
>
> (RACINE, Andromaque.)

JEAN JOLLY. — Le 16 avril 1650, naquit à Troyes un enfant destiné à se distinguer dans les arts, c'est Jean Jolly, qui fut élève de Girardon. Jeune encore il modela et fondit une statue équestre de Louis XIV, commandée par les États de Longuedoc pour la décoration de la place du Pérou à Montpellier. Jolly accompagna sa statue lors de son érection dans cette ville, où il se fixa, il y vécu jusqu'à 84 ans entouré de l'estime publique. Son talent lui mérita des commandes de la cour; il est auteur de plusieurs statues qui décorent les jardins de Versailles; on fait surtout un très grand cas de son Ganimède tenant la foudre de Jupiter, et caressé par l'aigle.

FOURNIER. — La ville de Troyes est encore la patrie d'un artiste distingué qui travailla de préférence pour les églises de sa ville natale. Il se nommait Fournier. On lui doit les chaires de la Madeleine et de Saint-Nicolas, le banc des marguillers de Saint-Remi, qui est une preuve de sa supériorité en sculpture, enfin il est l'auteur de la chaire placée dans la même église avec la date de 1608. On ne sait point l'époque de sa mort.

Les sculpteurs, dont j'ai eu l'honneur de vous entretenir jusqu'ici, appartenaient aux villes importantes de la Champagne, ce sont, vous avez pu le remarquer, les villes de Troyes, de Reims, de Châlons et de Sens. Je vais à présent vous parler de deux hommes de la haute Champagne qui se sont fait un nom dans les arts pendant les XVIIe et XVIIIe siècles. Le premier se nommait Bouchardon, et le deuxième Laurent Guyart.

BOUCHARDON. — Edme Bouchardon vit le jour à Chaumont-en-Bassigny en 1698; son père, qui professait la sculpture et l'architecture dans cette ville où il était venu se fixer en quittant Saint-Dizier, lui donna d'abord des leçons. Bientôt supérieur à son maître, Edme Bouchardon vint travailler à Paris sous la direction de Coustou le jeune, qui lui fit faire de rapides progrès. En 1722, il remporta le grand prix et fut nommé pensionnaire à Rome, où il séjourna pendant près de dix années. Revenu à Paris en 1732, il ne tarda point à entrer à l'académie des beaux-arts et fut jugé digne des fonctions de professeur de sculpture. Ses travaux furent nombreux ainsi que ses succès. — La fontaine de la rue de Grenelle fut entreprise vers 1739. Il exécuta ensuite une statue de Louis XIV dont le cheval a toujours été regardé comme un chef-d'œuvre. On cite généralement à son honneur le groupe d'un homme domptant un ours, ainsi que les bustes des cardinaux de Rohan et de Polignac. Bouchardon cessa de vivre en 1762 à Paris où il s'était fixé depuis de longues années. Remarquable par son talent, il fut aussi très apprécié par les qualités du cœur et ses vertus domestiques.

LAURENT GUYART. — Laurent Guyart naquit en 1727, dans la même ville de Chaumont, et mourut en 1788 à Carrare en Italie. Bouchardon fut son maitre. Ses œuvres les plus avantageusement connues en France, sont un Cupidon tirant de l'arc, Enée et Anchise, le Dieu Mars au repos. Deux brochures de Messieurs Varney et Jolibois, donnent d'autres détails sur cet estimable artiste. Elles ont été tirées à un très petit nombre d'exemplaires, et je n'ai pu malgré mes recherches me les procurer, je les indique ici dans l'intérêt de ceux qui voudraient compléter la biographie de votre compatriote.

PETITOT. — Je ne puis que faire mention de Pierre Petitot, statuaire, qui vit le jour à Langres en 1770, et qui se fit connaître avantageusement aux premières expositions publiques.

SIMART. — Je touche à la fin de la nomenclature que j'ai entreprise ; le sculpteur qui va clore cette liste fut un homme d'un grand mérite, mort dans la force de l'âge et la plénitude de son talent, sa cendre est à peine froide, mais sa réputation est assurée dans la postérité. On pourra différer de sentiment sur quelques-unes de ses productions, on sera d'accord sur la valeur artistique de leur auteur. Déja, Messieurs, vous avez deviné que je vais vous parler de Simart. On connait son origine et sa vie laborieuse, ses ouvrages sont nombreux dans sa ville natale et nos musées en possèdent davantage encore. Ceux qui voudront connaître à fond et en détail cette grande figure d'artiste, ses essais et ses travaux divers, ainsi que son existence entière, liront avec un vif intérêt le remarquable volume de M. Gustave Eryès. Quant à moi il ne m'appartient plus d'étendre le cadre que je me suis tracé, je ne dois que signaler la célébrité de ce statuaire Champenois enlevé trop tôt à son art, à sa famille, à ses amis, et à la gloire ascendante qui lui était assurée au dire de tous, je serai donc sobre de détails.

Pierre-Charles Simart naquit à Troyes le 27 juin 1807, l'auteur de ses jours était menuisier, il travailla fort jeune dans l'atelier de son père, dont l'ambition se bornait à faire de son fils un bon et honnête menuisier, afin de lui laisser la position qu'il s'était faite par son travail et sa conduite. Tout en travaillant avec assiduité sous la direction de son père, Charles Simart, dans ses moments de loisir, dessinait et sculptait sans cesse par instinct et par goût. Sa vocation était évidente, irrésistible, ses parents seuls pouvaient en douter. Les prières de sa mère, les avis et les conseils de son père, même ses remontrances sévères furent sans succès, il était entraîné par sa passion, et aussi par le sentiment intime qu'il avait eu dès l'enfance de parvenir à la gloire. — A l'âge de 15 ans, sans autres outils que ceux de menuisier il copia la Niobé antique avec un bonheur qui étonna tous ceux qui la virent, et qui attira sur lui l'attention d'honorables habitants de Troyes, notamment de M. de Montabert, auteur d'un remarquable traité de la peinture chez les anciens. — L'administration locale eut connaissance de cet ouvrage de Simart, et sur la recommandation de quelques connaisseurs, dont cette ville abonde, le conseil municipal lui accorda une pension de 300 fr. bientôt portée à 400 fr. pour faciliter la continuation de ses études. Peu après il partit pour Paris où il travailla chez M. Desbœux pendant quelques mois seulement ; ensuite il passa dans l'atelier de Dupaty, homme d'esprit et de cœur qui promptement avait reconnu ses heureuses dispositions, et constaté l'énergique courage qui lui faisait supporter tous les genres de privations, il lui procura quelques commandes de la cour, notamment un buste du roi Charles X, exécuté en 1826, notre artiste avait à peine 20 ans. En 1831 il exposa au salon une figure en plâtre de Coronis et le buste de la marquise de Chavaudon, fille de M. Marcotte, le généreux protecteur de Simart ; il partit ensuite pour Genève, avec Pradier son maître et son ami, ils firent ensemble une rapide excursion jusqu'à Rome. De retour à Paris, Simart travailla avec ardeur en vue de concourir pour le grand prix qui lui fut décerné en 1833 pour son bas-relief *le vieillard et ses enfants*. La conception de cette œuvre et l'habileté de son exécution valurent d'unanimes éloges à son auteur, qui se rendit à Rome comme pensionnaire de l'Etat. — C'est là que notre lauréat, plus libre d'esprit, entouré de ses émules, redoubla d'efforts et d'études, il copiait les chefs-d'œuvre antiques, il reproduisait les modèles de l'atelier, il examinait de près les types divers si variés et si intéressants de la population au milieu de laquelle il vivait, et plus d'une fois il a rencontré des modèles vivants qui, sans s'en douter, posaient pour lui dans les rues et sur les places publiques de la ville éternelle. J'en trouve la preuve dans son *lanceur de disque* qu'il envoya à Paris en 1836, et qui s'est retrouvé

dans son atelier au moment de sa mort. Ses envois se suc-
cédèrent rapidement à l'académie. Oreste, épuisé par la
fatigue et le remords à l'autel de Minerve, fut l'un de ceux
qui suivirent de près le *lanceur de disque* ; l'Oreste fut
acheté par le gouvernement et donné au musée de Rouen
dont il est l'une des pièces de sculpture les plus estimées.
Voici ce qui fut dit dans le temps à l'occasion de ces premières productions de Simart : *qu'il avait emprunté
quelque chose de la largeur et de la solidité puissante
du modelé de Phidias, et quelque chose aussi de la
noble gravité de son style. Qu'élève de Ingres et de Pradier, il a dû au premier la fermeté savante du dessin,
et au deuxième l'art de communiquer au marbre les
vivantes souplesses de la chair.* La bibliothèque du Sénat
possède deux statues de Simart, la Poésie et la Philosophie.
A la barrière du Trône, au nombre des statues allégoriques
qui décorent la base des deux colonnes monumentales de
cette belle entrée de la capitale, on en distingue deux qui
tournent leurs regards vers Paris, c'est la *Justice*, c'est *l'A-
griculture*, l'une et l'autre lui ont mérité d'unanimes éloges.
Il me serait impossible dans le cadre que je me suis tracé,
de parler même rapidement de toutes les belles productions
de cet artiste Champenois, je ne puis que mentionner la
Minerve de Phidjas, exécutée pour M. le duc de Luynes, ce
Mécène éclairé des arts et des artistes de notre époque, qui
fait un si noble usage de sa fortune et de ses loisirs. Je
citerai encore les deux grandes cariatides jumelles du
nouveau Louvre, placées au pavillon de l'Horloge, ainsi que
le fronton du pavillon Denou, où *trois jeunes femmes qui
personnifient la peinture, la sculpture et l'architecture
sont groupées, modelées et drapées avec autant de science
que de goût, et dont l'aspect est plein de charme,* comme
le dit M. Lévêque, et approche, d'après son jugement, de

la suprême beauté des deux seules têtes qui nous soient restées des frontons de Parthénon.

Enfin, je terminerai en vous disant que Simart est l'auteur du monument funèbre élevé à la mémoire de Napoléon, dans l'église des invalides, dont les bas-reliefs qui tapissent la totalité des murs de la crypte, représentent les faits principaux du règne du grand homme des temps modernes. Je n'en ferai pas l'analyse, je vous citerai les paroles de son savant biographe, ce même M. Lévêque.

« Ce qu'on louera certainement, c'est le sens parfaite-
» ment intelligible de chaque scène. Ici, pendant que
» l'auteur du concordat rend à la religion sa liberté, con-
» ciliée désormais avec les lois du pays, la Vendée apaisée
» remet son épée dans le fourreau, mais méfiante encore,
» elle ne l'y remet qu'à demi. Là, parmi la foule des ta-
» lents et des mérites qui reçoivent une simple et même
» récompense, on voit un soldat qui découvrant sa poi-
» trine cicatrisée, tend fièrement la main, une rude et
» nerveuse main, vers la couronne de lauriers qui lui est
» dûe. Ailleurs, la nouvelle loi civile déchire sans co-
» lère, mais sans ménagement, le vieux grimoire du droit
» coutumier. Çà et là, la frise des Panathénées, imitée
» mais librement, et non point servilement reproduite,
» prête ses formes sans date, et purement humaines à ces
» choses récentes que la sculpture ne doit habituellement
» représenter qu'avec la physionomie antique, semblable
» à ces langues mortes qui sauvent le présent de l'oubli,
» en l'exprimant dans des inscriptions avec les mots et le
» style invariable du passé. » C'est au centre de cette crypte, au milieu de cette magnifique représentation des actes et des évènements si divers, et si remarquables accomplis sous un seul règne, que s'élève la statue du héros législateur dans un temple consacré au Dieu des armées, dans l'asile des 4,000 vieux soldats français.

L'auteur de ces belles et grandes œuvres, que son mérite avait appelé à l'Institut, qui semblait destiné à produire encore de nombreux ouvrages pour la gloire de la France, qui aurait été le digne interprète des hauts faits accomplis depuis sa mort, fut enlevé à sa femme, à son fils, à ses amis, et aux arts, par une imprudence que lui fit commettre le désir d'être utile à un artiste son ami. Il mourut, *antè hora patrum,* le 27 mai 1857, mais déjà son nom illustre était inscrit au temple de mémoire.

En finissant, permettez-moi de vous dire, que je n'ai point la prétention d'avoir cité tous les noms des sculpteurs Champenois, j'ai nommé ceux dont l'existence m'a été révélée par des écrits ou par des traditions certaines ; on signalera des oublis, ils sont de ma part involontaires, on signalera des erreurs, je remercie par anticipation ceux qui voudront bien rectifier les inexactitudes par moi commises de bonne foi et malgré mes efforts pour être bien renseigné.

J'ai pris la plume pour acquitter un engagement fait à des confrères dont la bienveillance m'imposait le devoir de me libérer. Si ma libération était complète je serais trop heureux. Mais j'espère qu'ils verront surtout mon intention de me rapprocher d'eux en prenant quelque part à leurs utiles et consciencieux travaux.

Sans entrer dans aucun détail sur les vivants, je crois devoir vous dire encore que l'art de la statuaire est toujours en honneur en Champagne. En 1836, c'est un enfant de Vitry qui a remporté le grand prix de sculpture, et a été envoyé à l'école de France à Rome ; depuis cette époque cet artiste distingué a produit des œuvres estimées, commandées par le gouvernement, pour le Louvre, pour l'hôtel-de-ville, pour plusieurs des églises de Paris, et la

ville de Reims est en possession de deux de ses statues qui
décorent le porche du palais de justice de ce chef-lieu ju-
diciaire du département ; pour vous, Messieurs, qui con-
naissez le lauréat de 1836, il serait inutile de prononcer
son nom, pour les étrangers je dirai (c'est M. Farochon).
Votre exposition régionale de 1861, n'a-t-elle pas démontré
naguère d'une manière évidente, que les arts continuent
à être honorés et cultivés avec succès en Champagne ?
quant à la sculpture dont j'ai l'honneur de vous entretenir,
il me suffira de rappeler les œuvres de deux exposants,
l'autel en pierre sculpté par M. Bréhon, qui lui a mérité
une médaille de vermeil, et la statue de la vierge d'un très
jeune artiste, M. Moriamé, à qui le jury central a décerné
une médaille d'argent.